As 10 principais diferenças entre os milionários e a classe média

WAGNER J. B. P.

KEITH CAMERON SMITH

As 10 principais diferenças entre os milionários e a classe média

SEXTANTE

Título original: *The Top 10 Distinctions Between Millionaires and the Middle Class*

Publicado em acordo com Ballantine Books, um selo do
Random House Publishing Group, uma divisão da Random House, Inc.

tradução
Juliana Lemos

preparo de originais
Valéria Inez Prest

revisão
Ana Grillo e Luis Américo Costa

projeto gráfico e diagramação
DTPhoenix Editorial

capa
Miriam Lerner

impressão e acabamento
Lis Gráfica e Editora Ltda.

CIP-BRASIL. CATALOGAÇÃO-NA-FONTE
SINDICATO NACIONAL DOS EDITORES DE LIVROS, RJ

S646d Smith, Keith Cameron
As 10 principais diferenças entre os milionários e a classe média / Keith Cameron Smith; tradução de Juliana Lemos. – Rio de Janeiro: Sextante, 2009.

Tradução de: The top 10 distinctions between millionaires and the middle class
ISBN 978-85-7542-509-1

1. Milionários - Estados Unidos. 2. Ricos - Estados Unidos. 3. Classe média - Estados Unidos. 4. Riqueza - Estados Unidos. I. Título.

CDD: 305.52340973
09-3397 CDU: 316.343-058.12

GMT Editores Ltda.
Rua Voluntários da Pátria, 45 – Gr. 1.404 – Botafogo
22270-000 – Rio de Janeiro – RJ
Tel.: (21) 2286-9944 – Fax: (21) 2286-9244
E-mail: atendimento@esextante.com.br
www.sextante.com.br

Sumário

Prefácio

Por que escrevi este livro?

Três motivos me levaram a escrever este livro. O primeiro foi a responsabilidade. Todos nós temos o dever de partilhar aquilo que nos proporciona bons resultados. Anos atrás, comecei a procurar homens e mulheres de sucesso para aprender com suas experiências. Eu os encontrei e eles foram generosos o bastante para me ensinar os comportamentos, as crenças e ideias que os capacitavam a ter vidas extraordinárias. À medida que adotava suas filosofias e as transformava numa parte constante da minha própria vida, passei a alcançar resultados magníficos. Além de me instruir com essas pessoas altamente bem-sucedidas, li muitos livros que me ajudaram a desenvolver a mentalidade que possuo hoje. Essa combinação de orientadores pessoais e de leitura provou ter um papel significativo na trajetória de um grande número de milionários.

Existe uma infinidade de livros excelentes sobre o sucesso, então por que achei necessário escrever este? Porque cada livro que eu lia revelava uma perspectiva ligeiramente distinta sobre como obter êxito e satisfação. E às vezes é a menor das diferenças que causa o maior impacto na nossa compreensão. Vez por outra, uma pessoa consegue expor um princípio de tal maneira que acaba acendendo uma luzinha na nossa cabeça. É o que acontece com este livro. Ele apresenta diversos olhares sobre o sucesso. Boa parte dessas ideias são ensinadas há tempos por diferentes mestres. Contudo, existem vários pontos cruciais que eu não havia lido nem ouvido em lugar nenhum. Eu os aprendi por meio das minhas próprias experiências com o sucesso e o fracasso – e isso é algo com que, imagino, muitos leitores irão se identificar.

As pessoas se surpreendem ao saber que levei apenas sete dias para escrever este livro. Fui para uma pequena cabana nas montanhas, sem levar nenhum tipo de anotação, e comecei a digitar. O livro fluiu da pessoa que eu havia me tornado. É claro que estudo o sucesso há anos e aprendo com os altos e baixos das minhas atividades como empresário. Não me limito a ensinar as diferenças que apresento aqui – eu as adoto todos os dias. Elas fazem parte do indivíduo que sou.

O segundo motivo que me levou a escrever este livro foi o propósito. Todos nós temos uma missão que estamos destinados a cumprir, e este livro é parte da minha missão. Sinto isso todas as vezes que ensino esses princípios e sempre que alguém entra em contato comigo para falar sobre os resultados positivos que eles estão produzindo em sua vida.

O terceiro motivo foi o legado. Esses são alguns dos princípios que ensino a meus próprios filhos. Quero que vivam de acordo com eles. Um dia, poderão pegar este livro e se lembrar das lições que aprenderam comigo.

Alguns dos livros que li foram escritos há décadas, até mesmo há séculos. Quem sabe dizer onde este livro estará daqui a 100 anos? As diferenças que ele expõe são eternas, jamais mudam. Atentar para elas será tão útil daqui a 100 anos quanto é hoje em dia. Portanto, é com base num sentido de responsabilidade, propósito e legado que apresento a você meu modo de ver esses conceitos.

Nota sobre a ordem das diferenças

Organizei as diferenças em ordem decrescente de importância com base nas minhas próprias experiências como empresário e também nos sucessos e fracassos de outros milionários. Acredito que a Diferença 10 (Os milionários pensam a longo prazo. A classe média pensa a curto prazo.) é o ponto de partida para se conquistar o sucesso, pois faz com que o indivíduo se concentre naquilo que ele quer. A maioria das pessoas volta a atenção para aquilo que não deseja e nunca estabelece metas para o que de fato almeja alcançar. A ordem de importância das diferenças de 9 a 2 pode ser modificada para se encaixar na sua vida, dependendo da fase que você estiver vivendo. Por exemplo, neste momento o princípio de número 7 pode ser mais significativo para você do que o de número 3. Portanto, qualquer que seja a diferença que mais o sensibilize, ouça-a e aprenda o que a vida está tentando lhe ensinar. À medida que for adotando esses preceitos, acredito que você descobrirá que a Diferença 1 (Os milionários fazem a si mesmos perguntas que os fortalecem. A classe média faz a si mesma perguntas que a enfraquecem.) é de longe a mais importante para praticarmos durante toda a vida. Lembre-se de que o sucesso é uma jornada e também um destino – e a estrada que leva a ele está em permanente construção.

As 10 principais diferenças entre os milionários e a classe média

DIFERENÇA

10

Os milionários pensam a longo prazo. A classe média pensa a curto prazo.

A sociedade pode ser dividida em cinco grupos de pessoas: as muito pobres, as pobres, as de classe média, as ricas e as milionárias. Cada um desses grupos raciocina de maneira diferente em relação ao dinheiro. O pensamento das pessoas muito pobres está voltado para cada dia; o das pobres, para cada semana; o da classe média, para cada mês; o das pessoas ricas, para cada ano; e o dos milionários, para cada década.

A mentalidade desses cinco grupos sociais evidencia três objetivos básicos. No caso das pessoas pobres e muito pobres, trata-se da sobrevivência. Para a classe média, a meta é o conforto, enquanto para os ricos e os milionários é a liberdade.

O que faz com que os indivíduos pobres e muito pobres busquem a sobrevivência e os da classe média almejem o conforto é a mentalidade da escassez. Eles acreditam que não há dinheiro bastante para que todos tenham mais do que o suficiente. Mas as pessoas ricas e os milionários sabem que isso não é verdade.

A quantidade de dinheiro que uma pessoa ganha está intimamente relacionada com suas crenças nessa área. Se ela cultiva uma mentalidade de escassez, seu objetivo básico será sobreviver ou ter apenas o suficiente para obter conforto. Quem possui uma mentalidade de abundância perseguirá a liberdade financeira. O ditado que diz "procure e encontrará" é verdadeiro quando se trata desse assunto. De fato, obtemos aquilo que buscamos na vida. Se queremos sobreviver, é isso que acontecerá. Se almejamos o conforto, é o que vamos conseguir. Se desejamos ter liberdade, a conquistaremos.

Existe poder no pensamento a longo prazo. Ele pode tornar você uma pessoa rica e fará isso desde que seja adotado como um hábito.

Vamos observar mais a fundo esses cinco grupos sociais.

Pensar em termos de cada dia é peculiar às pessoas muito pobres, como pedintes e trabalhadores ocasionais.

O pensamento que está voltado para cada semana é característico das pessoas pobres, entre as quais estão as que realizam trabalhos de baixa remuneração e mal conseguem pagar as contas.

A atenção dirigida a cada mês é peculiar às pessoas da classe média. Sua preocupação é com as contas mensais, como aluguel, prestações do carro, fatura do cartão de crédito, etc.

Pensar em termos de cada ano é típico das pessoas ricas. Isso mostra que elas estão começando a aprender sobre responsabilidade fiscal, finanças e investimentos.

O pensamento que se concentra em décadas é o que distingue os milionários, revelando a existência de planos de negócios a longo prazo. É nesse patamar que as pessoas aprendem meios legais de evitar o pagamento de tributos para que seu dinheiro continue a trabalhar para elas. Nessa faixa, ficam sabendo como legar seus bens para as gerações futuras sem que o governo tome parte daquilo que se dedicaram a construir ao longo da vida.

Expanda seu pensamento para alcançar o futuro

Quanto mais você conseguir estender seu pensamento até o futuro, mais rico conseguirá ser. A maioria dos multimilionários que conheço faz planos de negócios cuja duração é de pelo menos 10 anos.

Quando resolvi pensar em termos anuais pela primeira vez, minha renda começou a aumentar. Eu me fazia perguntas do tipo: "O que posso fazer para dobrar meu faturamento este ano?", "Que meios posso usar para pagar menos impostos este ano sem desrespeitar a lei?". Como já tinha visto esse princípio do pensamento a longo prazo na vida dos meus orientadores financeiros, isso me desafiou a observar com mais cuidado meu futuro. Agora tenho planos de negócios com duração de 20 anos. Dedico regularmente parte do meu tempo a pensar sobre o que quero que minha vida seja daqui a 5, 10 e 20 anos. Depois crio planos para atingir esses objetivos.

Como você quer que sua vida seja daqui a 10 anos? Reflita sobre isso e comece a planejar. Pensar a longo prazo requer paciência – e esta é um ativo na vida dos milionários, enquanto a impaciência é um passivo na vida da classe média.

As pessoas da classe média desejam satisfação imediata. Eu mesmo fui assim durante anos. Sempre que queria algo, comprava com o cartão de crédito ou economizava um pouquinho e pagava com o valor que tinha conseguido poupar. Agora espero antes de adquirir alguma coisa, pois meu objetivo é ter mais liberdade, e não conforto.

Quem é rico ou milionário desenvolveu a disciplina de adiar o sentimento de satisfação. Os milionários fazem hoje o que os outros não fazem para que amanhã tenham o que os outros não têm. Quem cultiva uma mentalidade como a das pessoas muito pobres, das pobres ou da classe média jamais será livre. Conquistar cada vez mais liberdade é o objetivo dos indivíduos ricos e dos milionários. Eles adoram ter o controle da própria vida.

As pessoas muito pobres, as pobres e as da classe média põem o controle da sua vida nas mãos dos outros – que, ironicamente, são os ricos e os milionários.

Os milionários dão mais valor à liberdade do que ao conforto e, por esse motivo, conseguem as duas coisas.

Como a classe média prefere o conforto à liberdade, ela jamais se liberta.

Pense a longo prazo em todas as áreas da sua vida

O princípio de pensar a longo prazo não se aplica apenas às finanças, mas a todas as áreas da vida. É importante, por exemplo, adotar esse comportamento quando se trata dos relacionamentos. Agindo dessa maneira, demonstramos mais respeito pelos outros e nos orientamos por uma perspectiva em que todos ganham.

Se você pensar a curto prazo na área dos relacionamentos, estará buscando aquilo que os outros podem fazer por você e acabará usando as pessoas como um meio para determinado fim. Caso você seja alguém que sempre se vale dos outros em benefício próprio, existe a chance de que venha a ser um solitário, principalmente no fim da vida.

Os milionários desenvolvem relacionamentos de longo prazo, o que também os ajuda a obter um sucesso financeiro duradouro. Eles pensam em como podem servir melhor a família, os amigos e os clientes.

Quando chegamos ao fim da vida, são os relacionamentos que criamos que fazem de nós pessoas ricas de verdade. Pergunte a si mesmo, com frequência, como criar vínculos mais fortes e profundos com quem você ama.

Assim como existem pessoas que são muito pobres financeiramente, há também aquelas que são paupérrimas em termos emocionais. Esses são os indivíduos que não conseguem amar, os que são incapazes de ser pacientes e gentis, os que nunca perdoam e os que se enraivecem com facilidade. Concentre-se em se tornar bem-sucedido também no que diz respeito às suas emoções.

Ser rico nos relacionamentos é mais do que ter sucesso. É ter uma vida com sentido. É realizar-se.

O êxito financeiro sem a satisfação nos relacionamentos não é recompensador. Pense a longo prazo na sua vida financeira e na sua vida emocional.

É importante pensar a longo prazo na sua saúde física. Se fizer isso, você reservará um tempo para exercitar o corpo e se alimentará de maneira mais saudável. Caso contrário, vai negligenciar a atividade física e comer muita bobagem. É possível que você fique acima do peso e viva sem energia. Pensar a longo prazo na sua saúde lhe dará forças e disposição para conquistar mais sucesso financeiro.

Todas as áreas da vida estão conectadas, por isso pensar a longo prazo em cada uma delas melhorará todo o conjunto.

É necessário também pensar a longo prazo na sua vida mental. Você gostaria de viver pensando em quê? Existe algum assunto específico que lhe interesse? A que você gosta de dedicar a energia da sua mente?

As pessoas que vivem pensando nas coisas que as estimulam e despertam sua inspiração estão sempre numa incrível paz de espírito. Quem reclama e gasta energia mental com assuntos e atividades de que não gosta pode ser considerado pobre em termos mentais.

Esse tipo de pessoa vive com muito estresse. Você gostaria de aumentar sua paz de espírito? Em caso afirmativo, comece a pensar a longo prazo na sua vida mental. Direcione energia para os assuntos que você aprecia. Dedique-se aos campos de interesse que o inspiram. Encontre um meio de ganhar dinheiro nas áreas em que você gosta de pensar.

Este é o segredo de muitos milionários: eles enriquecem fazendo aquilo de que mais gostam. Isso os torna ricos em termos mentais e financeiros. Pense a longo prazo em todas as áreas da sua vida, não apenas quando se trata de dinheiro.

Estabeleça mais metas a longo prazo

Para crescer financeiramente, comece a planejar sua vida. Estabeleça metas a longo prazo. As pessoas superestimam aquilo que conseguem fazer em um ano e subestimam aquilo que são capazes de realizar em uma década.

Quando fixamos metas a longo prazo, descobrimos que é mais fácil ter perseverança. Todos os milionários tiveram que persistir e enfrentar desafios. Para que seus sonhos se realizem, você deve se tornar aquele tipo de indivíduo que se dispõe a fazer o que for necessário. As pessoas da classe média desistem diante da pressão. Como valorizam o conforto, não seguem em frente quando a situação fica difícil. Os milionários se esforçam para caminhar mais alguns quilômetros. Eles fazem o que for preciso para ter abundância. Por planejarem o futuro, mantêm-se nessa trilha até obterem riqueza e liberdade.

Os milionários pensam a longo prazo.
A classe média pensa a curto prazo.

DIFERENÇA 9

Os milionários falam sobre ideias. A classe média fala sobre coisas e outras pessoas.

Se eu passar alguns minutos ouvindo você falar, saberei dizer qual é sua direção na vida. Nossas palavras revelam o que se passa no nosso coração e na nossa mente. Elas são uma imagem exata do nosso futuro.

Sobre o que você fala o tempo todo? Suas palavras são como o leme de um barco. Elas determinam sua direção na vida. Os milionários conversam muito sobre ideias e bem pouco sobre coisas e outras pessoas. A classe média raramente dialoga a respeito de ideias, pois seus temas preferidos são coisas e outras pessoas.

Grande, médio, pequeno

Certa vez, vi uma placa no escritório de um executivo que dizia: "As grandes pessoas falam sobre ideias, as médias falam sobre coisas e as pequenas falam sobre outras pessoas."

Qual é o assunto mais comum nas suas conversas? Ideias, coisas ou pessoas?

Estou certo de que você já ouviu o velho ditado: "Existem três tipos de pessoas – as que fazem as coisas acontecerem, as que observam as coisas acontecerem e as que dizem o que aconteceu."

Um exame mais profundo dessas duas afirmações revela um segredo das pessoas altamente bem-sucedidas. Muitos milionários são criativos. Eles passam o tempo pensando em novas ideias. Quando trabalham em projetos, dedicam-se a considerar opções e procuram as diversas possibilidades.

Para ter mais sucesso, você deve expandir seu pensamento sem parar. Num mundo em que tudo muda rápido, é interessante reservar tempo para pensar em novas maneiras de fazer as coisas.

Os milionários falam sobre ideias e fazem as coisas acontecerem. A classe média fala sobre coisas e as observa enquanto acontecem. Os muito pobres falam sobre outras pessoas e perguntam: "O que aconteceu?"

Falar sobre coisas

As pessoas da classe média conversam sobre coisas que tiveram origem na ideia de um milionário. Elas abordam assuntos como carros, esportes, entretenimento, música e férias.

Os milionários são os donos das empresas de carros e dos clubes esportivos. São eles que produzem filmes, shows de TV e música, além de serem os proprietários dos locais onde as pessoas passam as férias. A classe média gasta seu dinheiro em coisas que foram criadas por pessoas extremamente ricas.

Vamos analisar o entretenimento mais a fundo. As pessoas da classe média e as muito pobres costumam ser grandes fãs de artistas de televisão. Elas gostam de fofoca. Mal conseguem esperar para ver quem fez o quê. Ficam grudadas na TV.

O entretenimento tem sua importância, porém deve ser algo equilibrado. Sem dúvida, os milionários também apreciam esse tipo de diversão, mas não passam muito tempo falando sobre ele. Um dos motivos que fazem com que as pessoas da classe média e as pobres adorem esse universo é o fato de elas se deixarem impressionar pela fama e pela fortuna. Os milionários preferem a riqueza à notoriedade. Eles não se deixam levar pelo estilo de vida superficial das chamadas celebridades.

As pessoas que se deixam impressionar facilmente por outras costumam ser inseguras e não sabem com clareza o que desejam da vida. Os milionários sentem-se seguros sobre quem são e sobre o que querem. Quando sabemos com certeza quem somos e quais são nossos objetivos, conquistamos segurança e sucesso.

Falar sobre pessoas

Em muitos casos, as pessoas pobres e as de classe média têm pouco dinheiro porque são pobres emocionalmente. Ninguém se torna rico sem formar bons relacionamentos. Se passarmos boa parte do tempo denegrindo os outros, pagaremos por isso em termos financeiros e emocionais. Falar mal das pessoas pelas costas é uma ignorância, um sinal de imaturidade.

Os milionários respeitam as pessoas. Dão a elas o benefício da dúvida e compreendem que estão fazendo o melhor que podem.

Sempre conseguimos encontrar algo que não aprovamos ou de que não gostamos entre as coisas que alguém faz. Sugiro que você tente identificar aquilo que as pessoas realizam corretamente e as parabenize por isso.

Os milionários elogiam. Eles compreendem o valor que existe em fazer com que todos se sintam importantes. A maledicência é uma grande tolice, porque revela um comportamento nocivo e muitas vezes nos atrela a ele. Não caia na armadilha de fazer críticas negativas a outras pessoas. Isso pode prejudicá-lo, mais até do que você imagina.

Pare de falar mal e passe a elogiar. Você se sentirá melhor e as portas da oportunidade começarão a se abrir.

As pessoas adoram ser elogiadas. Aprenda a enaltecê-las, e você descobrirá que elas farão o que for possível para ajudá-lo.

Os milionários falam de coisas e outras pessoas, mas não do mesmo jeito que a classe média. Eles conversam sobre quem cria riqueza com suas ideias e discutem aquilo que podem aprender com esses indivíduos.

Um dos meus amigos multimilionários e eu trocamos as anotações que fazemos nos seminários a que assistimos. Todas as vezes que aprendemos uma novidade sobre algo que nos interessa, partilhamos a informação um com o outro. Sempre que nos referimos a outras pessoas, falamos sobre as ideias que aprendemos com elas, sobre como as implementaram e sobre como parecem estar funcionando em seus negócios.

Quando os milionários conversam sobre coisas e outras pessoas, o assunto sempre vai parar nas ideias.

Falar sobre ideias

Por que os milionários conversam sobre ideias? Porque eles entendem que precisam delas para ganhar dinheiro. O pensamento da classe média é que é necessário ter dinheiro para conseguir dinheiro. Os milionários, contudo, conhecem a verdade. Eles sabem que a ideia certa pode atrair os recursos financeiros que estão buscando. As ideias são o bem mais valioso do mundo. Quem tem ótimas ideias acaba conquistando grande riqueza. Tudo o que vemos por aí germinou primeiro na mente de alguém. Se você quer ficar mais rico, dedique-se a pensar em novas ideias. Quando tiver uma, discuta-a com pessoas bem-sucedidas.

Uma advertência: não fale sobre suas ideias com pessoas malsucedidas, pois elas irão desencorajá-lo. Os milionários conversam sobre isso com outros milionários, nunca com indivíduos de pensamento tacanho. A mentalidade comum é limitada porque não reconhece a força das ideias – o dinheiro é poderoso, mas elas são muito mais.

O que você pode fazer

Reservar um tempo para sonhar todos os dias aumenta a criatividade. Usar regularmente a imaginação de maneira constante desencadeia um fluxo de ideias que podem trazer dinheiro. Os milionários não têm dificuldade em encontrar algo para fazer que gere riqueza. No máximo, podem ficar em dúvida sobre quais ideias levarão adiante.

Veja a seguir maneiras simples de conversar mais sobre ideias do que sobre coisas e outras pessoas:

1. Modifique seu vocabulário.

Falar sobre ideias exige um vocabulário apropriado. Substitua palavras e expressões como *impossível*, *não posso* e *preciso fazer* por *possível*, *posso* e *farei*.

Os milionários usam um vocabulário construtivo, e isso não é mera conversa fiada a respeito de "pensamento positivo". As palavras têm poder. Ouça seus amigos de classe média – você perceberá que suas conversas são muito mais pessimistas do que otimistas. As pessoas muito ricas falam com imensa fé. Acreditam que podem transformar as ideias em realidade e é o que fazem.

2. Pare de reclamar e comece a aprender.

Quando a classe média reclama, é de alguma coisa ou de outras pessoas. Sempre que mostramos descontentamento com algo, o problema aumenta. Queixe-se de contas e dívidas, e elas surgirão. Lastime-se porque as pessoas o tratam de maneira injusta, e essa situação não mudará. Lamente-se pelo emprego que tem, e ele ficará pior. O poder das suas palavras cria as experiências que você vive.

Os milionários não ficam choramingando. Não me lembro de uma única vez em que tenha ouvido um dos meus orientadores multimilionários reclamando de alguma coisa.

As palavras que usamos revelam o que temos na mente e no coração. Será que seu coração está cheio de desprezo pelas pessoas ao seu redor? Será que sua mente está tomada por pensamentos negativos? Ouça as palavras que você pronuncia, e saberá. Quem se queixa está literalmente amaldiçoando a si mesmo.

Se você quer parar de se maldizer e começar a se abençoar, pare de reclamar e passe a ser grato. A gratidão é um dos maiores poderes do Universo. Concentrar-se nas coisas pelas quais você se sente agradecido fará com que elas se multipliquem em sua vida. Converse sobre as ideias, os assuntos e as pessoas que você aprecia – sua vida vai se transformar.

Da próxima vez que se sentir tentado a reclamar, faça a si mesmo a seguinte pergunta: "O que será que a vida está tentando me ensinar?" Há sempre um aprendizado a ser feito quando algo não acontece como esperamos ou quando a situação parece difícil. As lições da vida surgem para nos orientar a olhar para determinada circunstância de uma perspectiva diferente. Isso desencadeia novas ideias.

Aprendendo a ver de ângulos diferentes, você terá novas e excitantes ideias sobre as quais falar.

Os milionários falam sobre ideias.
A classe média fala sobre coisas e outras pessoas.

DIFERENÇA

8

Os milionários aceitam as mudanças de bom grado.

A classe média se sente ameaçada pelas mudanças.

A mudança pode ser algo positivo ou negativo. O problema é que não sabemos de antemão o que ela será. As pessoas não se incomodam com as mudanças positivas. Na verdade, elas as querem. O equívoco da classe média é supor que a mudança é quase sempre um acontecimento negativo. Os milionários imaginam que todas as mudanças vão lhes proporcionar benefícios, tanto as positivas quanto as negativas.

O executivo e consultor de negócios Nido Qubein disse: "Para os inseguros, a mudança é algo assustador. Para os que estão em posição confortável, ela é ameaçadora. Mas, para quem é realmente confiante, a mudança é uma oportunidade."

Aprenda a aceitar a mudança

Como encarar as mudanças, em especial as inesperadas? Se você quer se tornar milionário, aprender a lidar com elas é uma necessidade. Os muito ricos as aceitam bem porque sabem que elas sempre proporcionam uma oportunidade de crescimento.

As pessoas inseguras resistem às mudanças, enquanto as confiantes as recebem de braços abertos. Os milionários são confiantes. A confiança é algo que adquirimos por meio de preparo e trabalho árduo. É o resultado do aprimoramento pessoal. É o benefício de provarmos a nós mesmos que somos capazes. É saber que conseguimos lidar com tudo o que surgir. Confiança é acreditar que temos condições de realizar qualquer coisa que queiramos fazer.

Escolha versus desejo

Os milionários escolhem ser ricos. A classe média deseja ser rica. Existe uma grande diferença entre uma escolha e um desejo. Uma escolha se fundamenta na crença de que é possível realizar algo. Um desejo se baseia na dúvida de que seja possível realizar algo.

A palavra *dúvida* é um eufemismo para *medo*. A classe média teme não conseguir se tornar rica.

O que há dentro de você? A crença de que é capaz ou o medo de fracassar? A mudança mostra quem você é e revela aquilo que está no seu interior. Se você fica com raiva quando ela surge, é porque tem esse sentimento dentro de si. Se fica preocupado, é porque tem medo. Se reclama, é porque não sente gratidão. Milionários não reclamam, não se preocupam nem se enraivecem diante da mudança. Eles buscam a oportunidade que a situação traz. A mudança nos dá sempre a chance de crescer e nos tornarmos mais fortes.

Descubra a oportunidade na mudança

As pessoas da classe média temem a mudança porque não sabem se são fortes o bastante para lidar com ela. O principal motivo de sua resistência a esse tipo de situação é o medo – ele as impede de identificar as oportunidades. Adquirindo confiança e aprendendo a aceitar a mudança, é possível ver as chances que ela traz.

Alguém já disse: "Em épocas de mudança, os que aprendem irão herdar a Terra, enquanto os que sabiam das coisas estarão bem preparados para lidar com um mundo que não existe mais." A mudança nos ensina uma nova realidade que precisamos dominar. Quanto mais aprendemos, mais fortes e mais confiantes ficamos.

Confiança é força. Quanto mais confiantes nos tornamos, mais preparados nos sentimos para aproveitar as oportunidades. E nunca sabemos quando elas irão surgir.

As pessoas comuns costumam pensar que os milionários tiveram sorte – que estavam no lugar certo, na hora certa. Não é suficiente estar no lugar certo, na hora certa. É preciso ser a pessoa certa, no lugar certo, na hora certa; do contrário, jamais seremos capazes de ver a oportunidade. Aprender a aceitar as mudanças nos dá a certeza de que estamos nos tornando pessoas que podem lucrar com as chances que a vida nos oferece.

O futuro pertence àqueles que podem mudar com o tempo. O verdadeiro propósito da mudança é nos transformar. Aprender a aceitá-la e permitir que ela faça isso é o primeiro passo para nos tornarmos mais confiantes. As pessoas nascem para aprender e crescer. A mudança é o modo que a vida tem de nos obrigar a fazer exatamente isso.

Aprenda a voar

Resistir às mudanças é como ser um filhote de águia que não quer deixar o calor e o conforto do ninho. Com o tempo, a mãe águia começa a modificar o ambiente quentinho e acolhedor do ninho removendo as penas macias que depositou ali. De repente, o filhote começa a se sentir incomodado por galhos e gravetos pontudos.

– Por que você está fazendo isso comigo, mamãe? – ele grita.

– Porque já é hora de você aprender a voar – responde a mãe.

A mudança é a maneira que a vida tem de nos ensinar a voar. Da próxima vez que você se perguntar "Por que isso está acontecendo comigo?", lembre-se da resposta da mãe águia.

Às vezes não sabemos do que somos capazes até precisarmos fazer algo. Peça a alguém que se lembre de uma época difícil que já tenha vivido. Essa pessoa provavelmente dirá: "Foi a melhor coisa que já me aconteceu."

Quase todos nós passamos por experiências assim. Então vamos aprender uma lição com nós mesmos e acreditar que a mudança sempre acontece para o nosso bem.

A mudança é algo positivo. Quanto mais rápido você a aceitar, mais cedo assimilará a lição. Quanto mais depressa dominar a lição, mais brevemente começará a aproveitar sua nova força.

É ótimo quando sentimos mais confiança. Curta a sensação de crescer e se fortalecer. Receba a mudança de braços abertos quando ela surgir e aprenda a voar.

Os milionários aceitam as mudanças de bom grado.
A classe média se sente ameaçada pelas mudanças.

DIFERENÇA

7

Os milionários assumem riscos calculados. A classe média tem medo de se arriscar.

A classe média fica presa à rotina do trabalho e da competição destrutiva porque não se arrisca. A única maneira de sair dessa situação é assumindo riscos. Quando removemos os riscos da nossa vida, eliminamos também as oportunidades.

Arriscar-se não significa atirar no escuro. Os milionários *calculam* os riscos que assumem. E o que é *calcular*? É obter primeiro o conhecimento e pensar sobre as consequências do fracasso antes de agir.

Use o conhecimento para vencer o medo

Os milionários não temem se arriscar. Isso não quer dizer que não sintam medo. Tanto eles quanto a classe média têm seus temores. Mas é o modo como lidam com esse sentimento que determina os resultados que obtêm.

Enquanto a classe média se sente subjugada pelo medo, os milionários o superam.

Para isso, eles usam o conhecimento. O medo é a escuridão, enquanto o conhecimento é a luz. A luz elimina a escuridão. Da mesma forma, o conhecimento faz com que o medo desapareça.

Antes de assumirem riscos, os milionários se instruem e analisam as consequências do fracasso. Eles não investem seu dinheiro em qualquer coisa e ficam esperando o resultado.

Outro procedimento que os muito ricos adotam é o gerenciamento de riscos. Aprendi uma das maneiras mais simples de fazer isso com meu orientador, Nido Qubein. Ele me ensinou a formular estas três perguntas:

1. O que de melhor pode acontecer?
2. O que de pior pode acontecer?
3. O que tem mais probabilidade de acontecer?

Se você for capaz de viver com o pior dos resultados e se aquilo que tem mais chance de ocorrer for contribuir para a conquista das suas metas, vá em frente. Caso sinta que não conseguirá lidar com o pior dos resultados e se aquilo que tem mais probabilidade de acontecer não for aproximá-lo de suas metas, bata em retirada. Da próxima vez que estiver diante da oportunidade de se arriscar, faça a si mesmo essas três perguntas. Elas me deram a luz necessária para tomar decisões com sabedoria.

As pessoas da classe média convivem com três medos que as impedem de agir para conquistar o sucesso: o medo do fracasso, o medo da rejeição e o medo da perda.

O medo do fracasso

A questão não é *se* a pessoa terá um mau resultado, e sim *quando* isso acontecerá. Os milionários entendem que falhar é parte do caminho para o sucesso. Em vez de se apavorarem com o fracasso, eles o aceitam e com isso se tornam mais sábios. A classe média, ao contrário, o teme porque o vê como algo ruim. Mas os muito ricos o consideram um acontecimento positivo que lhes dá a oportunidade de aprender e crescer.

Quem teme o fracasso não se arrisca. Todas as vezes que corremos riscos, estamos diante da possibilidade de obter um resultado ruim. Se você aprender a ver o insucesso como algo positivo, conseguirá se aventurar mais.

Sua percepção do fracasso e a reação que tem a ele determinam o nível de êxito que você é capaz de alcançar. O fracasso é um dos muitos mestres da vida – é o meio que ela tem de nos corrigir. Quando os milionários colhem maus resultados, eles aprendem a lição e tentam de novo. Não é o que ocorre com as pessoas de classe média – nessas situações, elas param de se arriscar. Uma de suas frases comuns é: "Já tentei isso antes e não vou repetir a dose." Elas desistem depois de fracassar, enquanto os muito ricos seguem em frente. Quem deseja alcançar o sucesso tem que perseverar depois de uma experiência malsucedida.

O medo da rejeição

A classe média se importa demais com a aceitação dos outros. Todos nós queremos que as pessoas nos aprovem. Mas também desejamos ser bem-sucedidos. Conheça então um dos segredos do sucesso: almeje mais o sucesso do que a aceitação das pessoas. É o que os milionários fazem.

Para ter êxito, você deve ser capaz de assumir riscos e, se fracassar, algumas pessoas poderão rejeitá-lo. O engraçado é que, se você se sair bem, algumas pessoas também irão desprezá-lo.

Alguém disse certa vez que um terço das pessoas gosta de nós, um terço não gosta e um terço não dá a mínima. Os milionários sabem que não é possível agradar a todo mundo. Se você se mantiver dependente da aprovação alheia, isso o impedirá de assumir riscos. Evite esse problema. Compreenda que algumas pessoas irão rejeitá-lo de uma forma ou de outra e, depois, tome todas as atitudes necessárias para ter sucesso.

O medo da perda

Os milionários jogam para ganhar. A classe média joga para não perder. Há uma grande diferença entre essas duas linhas de ação. Você consegue imaginar o que aconteceria se um time de futebol se mantivesse na defesa durante toda a partida? A chance de vitória dessa equipe seria praticamente nula. Se você tiver medo da perda, ficará sempre na defensiva quando o assunto for seu dinheiro. Com isso eliminará qualquer oportunidade de alcançar liberdade financeira.

As pessoas que não jogam para perder vivem dizendo que deveriam ter feito isso ou aquilo. A maior lacuna do mundo é a que existe entre *eu deveria* e *eu fiz*.

Os milionários podem afirmar: "Eu fiz." A classe média está sempre dizendo: "Eu deveria." Quando nos arriscamos, podemos perder dinheiro – aceite o fato e vá em frente. Assim como o fracasso é parte do sucesso, perder faz parte de ganhar.

Você sabia que a maioria dos milionários perdeu dinheiro muitas vezes? Alguns deles faliram mais de uma vez antes de enriquecer. Para conquistar a vitória, é necessário superar o medo da perda. Esse temor faz com que a classe média permaneça sentada no banco de reservas da vida. Se você quer ganhar a partida, entre em campo para vencer. Jogar para não perder o levará à derrota.

Viva como se você estivesse morrendo

Nas minhas palestras, muitas vezes reservo um tempo para falar sobre viver como se estivéssemos morrendo. Nessa parte, menciono uma pesquisa feita com um grupo de pessoas com mais de 90 anos de idade. Perguntaram a cada uma delas: "Se você pudesse viver sua vida de novo, o que faria de diferente?"

Três respostas surgiram com frequência. Será que você imagina quais foram? Uma delas foi que elas se arriscariam mais. Percebeu? Quando chegamos à última etapa da vida, tendemos a nos arrepender mais daquilo que deixamos de fazer do que das coisas que fizemos. Arriscar-se é uma garantia de que você não viverá com a dor do arrependimento. Não passe a fase final da sua vida dizendo: "Queria ter feito..." Supere seus medos com fé e aventure-se de vez em quando.

Agora vou falar das outras duas respostas. Em uma delas, os entrevistados disseram que se dedicariam mais a duas coisas: a pensar nos bons momentos da vida e apreciá-los e a refletir sobre as experiências ruins e aprender com elas. A terceira resposta mais comum foi a de que eles fariam mais coisas que perdurassem após sua morte. Quem deseja realizar algo dessa natureza tem que se arriscar. As pessoas que são lembradas são aquelas que correm riscos.

A sabedoria dos idosos aponta o caminho: arrisque-se mais, reflita mais e faça mais coisas que irão perdurar depois da sua partida. Se você não conseguir aprender algo com um grupo de pessoas que têm mais de 90 anos, não será capaz de assimilar nada de ninguém. Repito: quando removemos o risco da nossa vida, eliminamos também a oportunidade.

Lembre-se ainda de que o conhecimento é a luz, enquanto o medo é a escuridão. Projete luz na escuridão, e você terá coragem de entrar em ação. Os milionários superam seus temores e agem. A classe média se mantém aprisionada pelo medo e vive cheia de arrependimentos. Torne-se capaz de dizer *eu fiz* em vez de *eu deveria fa-*

zer. Calcule os riscos instruindo-se e fazendo a si mesmo aquelas três perguntas.

Os milionários assumem riscos calculados.
A classe média tem medo de se arriscar.

DIFERENÇA 6

Os milionários aprendem e crescem sem parar.

A classe média pensa que o aprendizado termina quando acaba a educação formal.

Por que há bibliotecas na casa dos milionários? Será mera coincidência o fato de que as mansões dos muitos ricos são cheias de livros, enquanto as residências mais modestas não são? Acho que não.

A maioria dos milionários que conheço lê um livro por semana. No meu círculo de influência, sempre recomendamos fontes de referência uns para os outros, incluindo livros e outros materiais com áudio. Um dos meus amigos gastou US$500 mil estudando o sucesso. Eu já investi US$100 mil para me instruir nessa área. Se a sua mentalidade é de classe média, você provavelmente está pensando: "Não tenho esse dinheiro todo para aprender a enriquecer."

Acontece que eu e meus amigos não gastamos esses valores de uma só vez. Vamos investindo em conhecimento à medida que ganhamos mais dinheiro. O sucesso é um processo. Se uma porcentagem da sua renda não for destinada à sua instrução financeira, você continuará preso à classe média. Quanto mais recursos dirigirmos a esse tipo de educação, mais ricos ficaremos.

O poder dos livros e dos orientadores

Comece pelos livros. Garanto a você que os milionários leem sem parar. Os livros são muito baratos considerando o conhecimento que contêm. Em poucas horas, você pode aprender um conceito valioso lendo um livro que levou anos para ser escrito. É cada vez maior o número de pessoas que se tornam milionárias porque ganham tempo aprendendo segredos financeiros que outros só foram descobrir depois de décadas. Acredito que alguns dos livros que li valiam mil vezes mais do que custavam, por tudo o que me ensinaram.

Além de investirem em livros e outros materiais com áudio, os milionários pagam pela consultoria de especialistas em sua área de interesse. A classe média busca orientações gratuitas. Muitas vezes, porém, conselhos dados de graça saem caro. Em geral, costumam ser apenas a opinião de alguém que acha que sabe do que está falando, mas que não tem nenhuma experiência concreta no assunto.

Os milionários não dão muito valor a orientações gratuitas. Eles aprendem com as pessoas que já passaram por aquilo, já fizeram aquilo e que, de preferência, ainda estejam fazendo. É nesse aspecto que os investimentos com a educação financeira começam a dar retorno.

Os livros da minha biblioteca sobre sucesso provavelmente valem uns US$20 mil. O investimento que fiz em consultoria e orientação foi cinco vezes maior do que isso. Observe que eu não disse "o preço que paguei", e sim "o investimento que fiz".

É difícil atribuir um valor ao conhecimento que adquirimos de alguém que tem experiência concreta na questão. Um bom consultor cobra um preço alto, no entanto os milionários consideram esse gasto um investimento. Assim como os grandes atletas, todos nós deveríamos contar com um orientador. Por que não receber a consultoria de alguém se desejamos criar um grande patrimônio?

Invista na sua instrução financeira

Certa vez, paguei US$12.500 para participar de um evento de fim de semana sobre como gerar riqueza. Um milionário que estava lá disse que obteve uma informação que aumentaria seu faturamento em US$10 milhões quando ele a aplicasse a seus negócios. Será que vale a pena gastar US$12.500 para adquirir um conhecimento que pode gerar US$10 milhões extras? Sem dúvida.

É evidente que as pessoas de classe média não podem começar esse processo participando de eventos que exigem um investimento dessa grandeza. Mas elas têm a opção de ler um livro barato que pode vir a valer mil vezes mais se o conhecimento que ele contém for empregado.

Os milionários investem na aquisição do conhecimento que pode ser fornecido por pessoas que alcançaram o sucesso que eles desejam para si próprios. Quando decidi investir em imóveis, comprei um audiolivro sobre o assunto que custou US$25. Foi isso que me deu a coragem e a base para começar. Depois, adquiri um programa mais abrangente sobre imóveis por US$200. Com o conhecimento que obtive desse material e que passei a usar na minha atividade, ganhei quase US$100 mil no ano seguinte. Meu próximo passo foi investir num programa mais extenso ainda, que custou US$4 mil, e faturei mais de US$200 mil no ano seguinte. (Estou deixando de fora os detalhes porque meu objetivo é apenas mostrar que, quanto mais investirmos em conhecimento, mais ganharemos quando o empregarmos.) A sabedoria é a aplicação do conhecimento.

Grande parte das pessoas da classe média fica no mesmo nível de renda por décadas porque seu conhecimento começa no mesmo patamar ano após ano. Um dos motivos que fazem com que isso aconteça é o fato de elas acharem que o aprendizado termina quando saem da escola. Os milionários são estudiosos da vida. Eles continuam a aprender com as circunstâncias.

Uma pergunta comum que se fazem é: "O que posso aprender com isso?" A classe média, por outro lado, se pergunta: "Por que isso sempre acontece comigo?" Como não aprende as lições que a vida está tentando ensinar, ela está destinada a passar por situações idênticas repetidas vezes.

Gosto do que um pastor disse sobre isso: "Nunca fracassamos nos testes de Deus. Simplesmente continuamos a fazê-los até conseguirmos passar."

E isso é verdade. A pergunta "Por que isso sempre acontece comigo?" mostra que algo está acontecendo *de novo*. Uma situação ruim surge diversas vezes porque o conhecimento permanece inalterado. É necessário continuar a aprender e a crescer para se tornar milionário e permanecer assim. Quem enriquece e interrompe o processo de aprendizado corre o risco de não continuar nesse patamar por muito tempo.

O conhecimento é uma semente

Os milionários se concentram no crescimento pessoal. Eles acreditam que, para ter mais, é preciso ser mais. Consideram a instrução pessoal um dos principais propósitos da vida. Mas esse processo é lento. Seja paciente consigo mesmo enquanto estiver adquirindo conhecimento. Observe que ele é uma semente e que leva tempo para que as sementes se desenvolvam e se transformem em árvores que geram frutos. Toda vez que você lê um livro, está plantando outra semente ou regando aquelas que já existem na sua mente.

Os milionários leem livros sobre dinheiro e sobre como construir bons relacionamentos. E também a respeito do poder da mente e dos sucessos e fracassos dos outros.

Eles estudam com seriedade a vida de sucesso, porém não só em termos financeiros. Buscam sem parar novas maneiras de pensar e agir que possam lhes proporcionar mais satisfação.

Estude aquilo que você ama

O segredo para ser alguém que está sempre aprendendo é estudar aquilo que você ama. Uma das principais diferenças que percebi entre os milionários e as pessoas da classe média é que os primeiros se concentram naquilo que gostam de fazer. Não param de se instruir sobre os assuntos que os inspiram. Eles estão permanentemente em busca de conhecimento porque amam a vida.

A classe média acredita que os milionários alimentam um amor exagerado pelo dinheiro. Isso não tem fundamento. Pelo que sei, eles adoram aquilo que a riqueza lhes permite fazer por suas famílias e por outras pessoas.

Os milionários que são mesquinhos e temem perder dinheiro não têm um sucesso verdadeiro. O êxito genuíno proporciona paz e contentamento.

Estude o sucesso e descubra como fazer fortuna, mas aprenda também a ficar satisfeito com sua situação enquanto estiver buscando aquilo que deseja.

Repito: os milionários amam a vida. Eles adoram aquilo que fazem para enriquecer e gostam muito de dinheiro, no entanto não dão mais valor a ele do que à própria vida. Quem tem um amor maior pela fortuna do que pela própria família e por si mesmo foi enganado pela grana e jamais alcançará o verdadeiro sucesso.

Saiba quais são suas prioridades

Conheço pessoas nas camadas mais altas da classe média que estão sempre se esforçando para conseguir mais. Elas idolatram o dinheiro e permanecerão insatisfeitas com seus resultados até aprenderem a se sentir felizes com quem são, e não com o que têm.

Acredito que muitos milionários alcançaram sucesso porque puseram suas prioridades na ordem certa. Menciono isso enquanto falo sobre aprendizado e crescimento porque algumas pessoas ficam desequilibradas quando começam a perseguir a riqueza material. Elas passam a dar muita atenção ao dinheiro e negligenciam a família ou a saúde. Cuidado para não perder uma dessas duas coisas enquanto estiver buscando a prosperidade. O dinheiro é importante, porém não vale a pena ficar sem o que há de mais valioso na vida por causa dele.

Estude o sucesso financeiro e a satisfação pessoal. É muito bom ser rico. É ainda melhor ter relacionamentos profundos e significativos com as pessoas que amamos. Mas ter essas duas coisas é maravilhoso. Aprenda a amar a si mesmo e aos outros e saiba como conquistar uma quantidade enorme de dinheiro.

Os milionários aprendem e crescem sem parar. A classe média pensa que o aprendizado termina quando acaba a educação formal.

DIFERENÇA

5

Os milionários trabalham visando ao lucro.

A classe média trabalha visando ao salário.

As pessoas que trabalham pelo salário acabam ganhando o suficiente para viver, mas não muito além disso. É raro um assalariado conquistar a liberdade financeira. Os milionários compreendem esse fato e optam por trabalhar visando ao lucro. O salário é o pagamento que recebemos pelas atividades que realizamos. O lucro é o resultado de comprar algo por determinado preço e vender por um valor maior. As pessoas muito ricas estão na área de vendas.

Quando a renda vem do salário, ela é extremamente limitada. No entanto, se aprendemos a obter lucro, o céu é o limite.

Já se disse que mais de 90% das pessoas ricas realizam alguma atividade na área de vendas. Acredito que isso seja verdade. Todos os meus amigos multimilionários trabalham para conseguir lucro. Nenhum deles é assalariado.

Leia a seguir um resumo da minha experiência com lucro e salário:

Durante a primeira parte do ensino fundamental, eu vendia palitos de dente com sabor de canela para as outras crianças da escola. Comprava uma garrafa de óleo de canela numa farmácia, deixava os palitos mergulhados nela por toda a noite, vendia-os no dia seguinte e voltava para casa com dinheiro. A garrafa de óleo de canela custava menos de US$10. Eram necessárias duas semanas para usá-la inteira e vender todos os palitos. Nesse período, eu obtinha um lucro de US$20. Nada mau para um menino que estava dando seus primeiros passos na escola primária.

Quando eu estava cursando a segunda metade do ensino fundamental, todos os dias meus pais me davam US$3 para o almoço. No caminho para a escola, eu comprava 30 tabletes grandes de chiclete por US$0,10 cada um e os vendia aos meus colegas a US$0,25 cada. Faça as contas. Eu transformava US$3 em US$7,50 antes do almoço. Gastava US$1 com um milk-shake e voltava para casa com US$6,50.

Quando eu estava no ensino médio, o condicionamento social falou mais alto e acabei fazendo o que todos me diziam para fazer: fui procurar emprego. Ao longo de quase 10 anos trabalhei como assalariado e nunca me sentia satisfeito com o dinheiro que ganhava. Ficava chateado sempre que via a quantidade de impostos que era deduzida de cada contracheque. Durante aquele período, comprei e vendi uma coisa ou outra para levantar recursos extras.

Por exemplo, depois da escola, comecei a jogar golfe. Eu ia para os campos acompanhado de um amigo e vasculhávamos os laguinhos à procura de bolas perdidas. Achávamos algumas centenas delas em poucas horas. No dia seguinte, as vendíamos para uma loja de artigos de golfe usados. Ganhávamos de US$40 a US$50 cada um por apenas duas horas de trabalho. Aquilo era um bom dinheiro para mim, pois meus empregos me pagavam somente US$5 por hora.

Hoje em dia, a Wal-Mart vende bolas de golfe achadas em laguinhos nos campos. Na época, eu estava envolvido numa ideia milionária, mas não sabia. Ganhei milhares de dólares nos anos seguintes vendendo as bolas de golfe que recuperava. Enquanto isso, continuava a trabalhar pelos salários porque a mentalidade de classe média me dizia que era isso que eu deveria fazer.

Minha família pertencia à camada mais baixa da classe média. Meu pai vendia autopeças para pequenas oficinas da cidade e raramente faturava mais do que US$25 mil por ano. Falei com ele sobre quanto me sentia infeliz por ganhar salários tão baixos. Ele me aconselhou a vender autopeças numa cidade próxima. Disse que essa atividade me daria menos trabalho e mais dinheiro do que o emprego em que eu estava naquele momento. No entanto, como não gostava daquele ramo, não segui sua orientação.

Continuei em empregos ocasionais até começar a trabalhar num campo de golfe como responsável pelos carrinhos. Era a atividade perfeita. Eu ganhava US$5 por hora, além de gorjetas, e podia procurar bolas de golfe enquanto esperava os carrinhos serem devolvidos à noite. Recebia em média US$8 por hora, fora o dinheiro das bolinhas. Fiz isso durante alguns anos e, naquela época, passei a jogar golfe bem melhor e decidi me profissionalizar.

Enquanto trabalhava na loja de material de golfe para profissionais, decidi me candidatar à posição de aprendiz e fui aprovado. Meu salário subiu para US$8 por hora. Mas, como eu não recebia gorjetas nem tinha tempo de procurar bolinhas, minha renda permaneceu igual. Ainda assim, não me importava, pois ia me tornar profissional e ganhar muito dinheiro – pelo menos, era no que eu acreditava.

Fiz o teste da associação de golfistas, a PGA, para obter a carteira de profissional algumas vezes, mas nunca consegui alcançar a pontuação necessária para isso. Meu estado de nervos não permitia. Conversei com o profissional do clube onde eu trabalhava e perguntei-lhe quanto tempo eu levaria, caso seguisse em frente, até começar a ganhar um bom dinheiro com o golfe. Sua resposta me fez cair na real: "Keith, vou ser honesto. Você vai precisar se sacrificar. Serão pelo menos cinco ou seis anos até que consiga subir."

Ouvir aquilo me deixou mal. Não estava disposto a esperar cinco ou seis anos para ganhar mais dinheiro. Mais uma vez, fui reclamar com meu pai. Dessa vez, ele sugeriu algo que decidi experimentar. Recomendou que eu vendesse o fluido R-12 Freon, para ar-condicionado de automóveis. Naquela época, o governo estava taxando fortemente esse produto e os preços estavam subindo de forma absurda. Ele disse que eu poderia comprar pequenos barris de Freon por US$180 e vendê-los por US$200 ou US$210. Meu pai estava certo. Adquiri algumas unidades para experimentar e as vendi rapidinho. Semanas depois, o preço do Freon em todos os revendedores que vendiam a varejo subiu para US$250 o barril, mas o preço que eu pagava no atacado chegou apenas a US$200.

Eu vendia alguns barris, ganhava US$100 em poucas horas e depois tirava o resto do dia para ir à praia. Um dos meus clientes comprava diversos barris por vez. Com isso, a cada tantas semanas, ele fazia o pedido, eu ganhava em torno de US$500 naquele dia e passava o restante da semana me divertindo. E, nossa, como eu era idiota! Em primeiro lugar, porque eu poderia ter conseguido muito mais dinheiro na época. Em segundo lugar, porque pensava que aquilo ia durar. E não foi isso que aconteceu. Depois de alguns meses, o preço do barril subiu para US$500. Somente as empresas grandes, que faziam estoque, tinham o produto. E elas não estavam vendendo nada no atacado.

Quis o destino que certa noite eu fosse parar em um leilão, apenas para me divertir. Vi coisas sendo vendidas por preços aparentemente muito baixos, sobretudo móveis. A partir daquele momento, comecei a comprar itens em leilões e a revendê-los no mercado de pulgas. Com essa história de comparecer a leilões toda semana, acabei conhecendo o dono de uma loja de móveis usados. Ele tinha belas caminhonetes e um barco e morava num casarão, num amplo terreno. Como eu era pobre, achava que aquele senhor era rico, mas, na verdade, ele só estava na faixa mais alta da classe média.

Constatar o sucesso dele me fez compreender que eu precisava abrir minha própria loja de móveis usados – e foi o que fiz. Até aquele momento, minha renda anual nunca tinha ultrapassado US$20 mil. Num piscar de olhos, ela quase triplicou. Ganhei mais de US$50 mil no primeiro ano em que administrei a loja. Um ano depois de abrir o negócio, me casei.

Um dia, passeando de carro, vi um aviso na vitrine de uma pequena loja de móveis, dizendo que aquele estabelecimento ia ser fechado. Parei para perguntar se o ponto ficaria disponível, pois era um local muito melhor do que aquele em que minha loja funcionava.

Acabei sabendo que o imóvel estaria desocupado no mês seguinte. O proprietário estava ali perto e poderia me informar sobre o valor do aluguel. Ao falar com ele, tive a grata surpresa de saber que me custaria apenas US$100 a mais do que o que eu vinha pagando.

Liguei para minha mulher e lhe disse que iríamos mudar de endereço. No início, continuaríamos com o mesmo tipo de loja, vendendo móveis usados de qualidade. No entanto, ao conversarmos com os comerciantes que estavam saindo dali, descobrimos que o negócio deles era mais rentável do que o nosso. Foi quando decidimos copiar o que eles faziam. Começamos a vender produtos novos, entre jogos de quarto, sofás-camas e *futons*. Nossa renda subiu para US$70 mil por mês no primeiro ano em que trabalhamos naquele endereço.

Durante o tempo em que tive aquele pequeno negócio, conheci um homem de quem eu comprava as estruturas dos *futons*. Ele era dono de duas lojas desses produtos e parecia estar se saindo muito bem com ambas. Na primeira vez que minha mulher viu as lojas, achou que deveríamos parar de vender sofás-camas e jogos de quarto e nos concentrar apenas nos *futons*, como ele fazia.

Resisti no começo, porém, cerca de um mês depois, decidi experimentar, afinal já estávamos vendendo 10 *futons* para cada sofá-cama e jogo de quarto. Sabe o que aconteceu? Descobrimos um filão e nossa renda subiu mais uma vez. Passamos a ganhar US$100 mil por ano.

Deixei de fora vários detalhes dessa história que, aliás, continua, mas vou encerrá-la por aqui, dizendo que começamos a investir em imóveis. Em alguns anos, compramos sete propriedades e chegamos a obter um lucro líquido superior a US$1 milhão. Se eu tivesse continuado a trabalhar como assalariado no campo de golfe, poderia estar ganhando US$12 por hora, o que mal dá US$20 mil por ano depois da dedução dos impostos.

Ou seja, os salários sobem apenas gradualmente. Quando trabalhamos para obter lucro, temos o potencial de aumentar nossa renda de forma radical em pouco tempo. Deixei de ser assalariado há quase 10 anos e não tenho nenhuma intenção de voltar a essa situação. Se você deseja se tornar um milionário, precisa aprender a trabalhar com o objetivo de ter lucro.

Os milionários trabalham visando ao lucro.
A classe média trabalha visando ao salário.

DIFERENÇA

4

Os milionários acreditam que precisam ser generosos.

A classe média acredita que não tem condições de dar nada.

Certo dia, eu estava numa lanchonete pagando a conta do meu almoço, que ficara em quase US$5. Um rapaz de cerca de 19 anos tinha me atendido. Dei-lhe uma nota de US$10. Como troco, recebi uma nota de US$5 e algumas moedas. Coloquei os trocados no bolso e disse a ele que ficasse com os US$5. Por um segundo, o garoto pareceu confuso. Depois perguntou:

– Sério?

– Sim – respondi.

– Caramba! – ele exclamou, mal podendo acreditar.

Sua reação à minha gorjeta de US$5 foi surpreendente.

Mais ou menos uma semana depois, voltei àquela lanchonete. Dessa vez, fui atendido por uma mulher mais velha. A conta não chegara a US$8. Paguei com uma nota de US$20. Quando ela me deu o troco, guardei os trocados e lhe disse que ficasse com a nota de US$10.

– De verdade?

– Sim. Que Deus te abençoe – respondi.

– Aleluia! Obrigada, Jesus! – ela acrescentou, cheia de animação.

Sua reação me fez sorrir. Nada que eu tivesse comprado por US$5 ou US$10 me daria o prazer que senti ao ver a reação daquelas duas pessoas.

Aprenda a ser generoso

Ser generoso é gratificante. É uma sensação ótima quando damos de coração. Dei dinheiro a estranhos em diversas ocasiões e continuarei a fazer isso durante toda a minha vida. Praticar a generosidade é um bom hábito – isso nos garante que o dinheiro jamais nos controla.

Certa vez, ouvi um mestre espiritual mencionar um teste que podemos fazer para verificar se somos nós que possuímos o dinheiro ou se é ele que nos possui. O teste se resume a dar dinheiro. Quem é capaz de fazer isso domina seu dinheiro. Os que não conseguem são subjugados por ele.

Mais histórias

Certa vez, eu estava dirigindo por uma das principais ruas da cidade. Já eram quase nove horas da noite. Chovia e fazia um pouco de frio. Passei por uma moça que estava caminhando na beira da calçada. Não tenho o hábito de dar carona, mas me senti mal vendo-a andar naquela chuva fria. Dei meia-volta com a caminhonete e perguntei se ela queria uma carona. A jovem aceitou e se sentou ao meu lado. Perguntei-lhe para onde estava indo e ela me disse o nome do lugar.

Ficamos em silêncio durante alguns segundos. Depois ela perguntou:

– Posso te tocar?

Eu tinha apanhado uma prostituta!

– Não, você não pode – respondi, sorrindo.

– Você é policial, não é? – ela me perguntou, com uma voz assustada.

Ri de novo e disse:

– Não, não sou.

– Então por que não me deixa te tocar?

Mostrei minha aliança e expliquei:

– Porque sou um homem casado e muito feliz.

Ela me pediu desculpas.

– Se eu te der um dinheiro, você para de trabalhar esta noite? – eu quis saber.

– Sim. Sem dúvida! – respondeu imediatamente.

Perguntei o que a fazia pensar que precisava recorrer à prostituição para ganhar a vida. Ela baixou o tom de voz ao responder. Disse que tinha dois filhos pequenos e que precisava comprar comida. A mãe dela estava cuidando das crianças naquele momento. Senti sinceridade nas suas palavras e me ofereci a levá-la a um supermercado para que comprasse o que fosse necessário. Ela aceitou, hesitante.

No supermercado, percebi sua relutância em colocar os produtos no carrinho. Escolheu pouca coisa, como leite e pão. Perguntei: "Do que mais você precisa?" A garota não sabia o que dizer. Então sugeri: "Que tal suco, geleia e cereal?" Ela concordou. Também peguei uns biscoitos e outros itens. A conta ficou em pouco mais de US$40.

No estacionamento, ela me agradeceu muitas vezes. Voltamos para a caminhonete e perguntei onde era sua casa. Ela morava num parque para trailers a uns 5km de onde eu a havia encontrado. Quando chegamos ao seu trailer, vi uma senhora de pé em frente à porta.

A moça pulou da caminhonete e gritou:

– Mãe! Mãe! Encontrei este cara e ele fez compras pra gente. As crianças vão poder tomar leite de manhã! E sabe do que mais? Ele ama a mulher dele.

A senhora se afastou um pouco da porta e me perguntou:

– Você é um anjo?

– Bem, talvez – respondi.

A moça entregou as sacolas de compras à mãe e lhe pediu que as guardasse. Depois me agradeceu diversas vezes. Ela já estava quase entrando no trailer quando a chamei: "Espere um pouco. Vem cá. Tenho outra coisa para você." A garota se aproximou de mim e lhe dei US$100. Ela ficou sem palavras. Eu disse: "Este dinheiro é para você fazer mais algumas compras no meio da semana. Tenha uma boa noite." Ela me agradeceu novamente. Entrei na caminhonete e fui para casa.

Existem muitas oportunidades para sermos generosos todos os dias. A generosidade é, sem dúvida, um caminho para a felicidade, enquanto a mesquinharia, com toda a certeza, nos conduz apenas à infelicidade.

Sei que não resolvi os problemas daquela moça a longo prazo, no entanto quem sabe dizer o que poderia ter acontecido com ela naquela noite? Um dos motivos que me levam a escrever livros e a fazer palestras sobre sucesso é dar às pessoas o conhecimento que elas podem usar para fazer contribuições a longo prazo.

Embora eu tenha muitas outras histórias sobre generosidade, contarei apenas mais dois casos aqui.

Certo dia, eu e meu pai estávamos conversando na minha caminhonete num parque que fica perto do rio Halifax. Discutíamos a ideia que eu havia tido de abrir outra loja de móveis. Enquanto falávamos sobre isso, vi que perto de nós havia um rapaz dentro de um carro velho. Ele estava com o olhar fixo no vazio, parecia imerso em seus pensamentos. Senti vontade de lhe dar US$100. Quando meu pai e eu terminamos o papo, fui até o carro do jovem.

A janela do automóvel estava fechada. Eu disse: "Com licença." O rapaz se assustou e olhou para mim. Antes que ele pudesse falar qualquer coisa, expliquei: "Só quero dar isto aqui para você. Que Deus te abençoe." Ele olhou para a nota de US$100, abriu a janela e pegou o dinheiro lentamente, sem dizer nada. Ficou sem palavras. Eu me senti meio constrangido e repeti: "Que Deus te abençoe."

Quando eu estava começando a me afastar para ir embora, ouvi sua voz: "Ei, espera aí." Voltei a me aproximar da janela do carro e ele disse: "Eu estava aqui lendo este livro." Somente naquele momento notei o livro nas mãos dele. Ele o virou para que eu pudesse ver o título: *The Creative Power of God* (O poder criativo de Deus).

Sorri e disse novamente: "Que Deus te abençoe." Ele não respondeu. Voltei para a caminhonete e fui embora.

Repito, sei que não resolvi o problema de ninguém a longo prazo. Mas quem poderia dizer no que aquele rapaz estava pensando? Talvez tivesse rezado pedindo alguma coisa e aqueles US$100 fossem um sinal para ele. A moral da história é: seja generoso.

Nem todos os milionários são generosos. No entanto, com certeza, os que têm uma vida feliz são magnânimos. A maior parte das pessoas muito ricas acredita na lei de que colhemos aquilo que plantamos. Para elas, o dinheiro é uma semente. Sabem que, se compartilharem o que têm, receberão mais em troca.

Os milionários não são apenas capazes de dar. Eles também sabem receber. No que se refere a esse assunto, sua visão e a da classe média são muito diferentes. Eles acreditam que merecem receber porque são generosos. As pessoas da classe média têm grande dificuldade em receber. Acredito que seja porque pensam que não são dignas disso. E como poderiam, se não costumam ser capazes de compartilhar?

Mais uma história...

Minha mulher e eu tínhamos ido a Charlotte, na Carolina do Norte, para uma conferência. Eram mais ou menos 23h30, o evento havia acabado e estávamos com fome. Dirigimos um pouco e vimos a placa de uma pizzaria num pequeno shopping center. Parei no estacionamento e fui pedir uma pizza. Depois voltei para esperar pela entrega. Fiquei de pé perto do carro, enquanto minha mulher estava dentro dele, com a porta aberta. Ouvíamos música. Foi quando um grupo de oito jovens, com idades que variavam de 10 a 15 anos, começou a descer a calçada em frente ao shopping center. Tive a sensação de que eles criariam problemas conosco. Então fiz uma pequena prece pedindo e agradecendo a proteção de Deus em nossa vida.

Quando os meninos se aproximaram do nosso carro, um dos mais jovens do grupo saiu da calçada e começou a vir na minha direção. O garoto que parecia o mais velho da turma agarrou o braço dele e disse: "Não, cara. Não." Os demais andaram mais um pouco e viraram a esquina, indo para outra rua.

Minha mulher viu a garotada passar, mas não percebeu nada além disso. Perguntei se ela achava que devíamos oferecer-lhes uma pizza. Ela abriu um sorriso e disse: "Sim."

Fui até a esquina e avistei os meninos a uns 20m. O mais jovem, que ia começar a confusão, me viu e disse: "Ei, pessoal, olha ali." Então ele tirou uma arma das calças e apontou para o meu rosto. Novamente, o mais velho interferiu e tomou a arma. Depois me perguntou o que eu queria. Um pouco abalado, respondi:

– Quero comprar uma pizza para vocês. Aceitam?

– Sério? – ele perguntou.

– Sim.

– E por que você iria querer comprar uma pizza pra gente? – ele quis saber.

– Só para fazer algo legal para vocês. E aí, aceitam?

Ele disse "sim", e todos vieram na minha direção. Perguntei que tipo de pizza eles preferiam e fui fazer o pedido.

Enquanto estava lá dentro, os meninos perguntaram à minha mulher se eu era policial e se estava tentando fazer uma armação para prendê-los. Ela disse que não. Eles também quiseram saber por que eu tinha lhes oferecido uma pizza. Ela explicou que gostamos de ser generosos.

Voltei e esperei pela pizza junto com eles. Conversamos sobre suas esperanças e seus sonhos, embora aqueles garotos não parecessem ter nada disso. Eram quietos, reservados e me agradeceram muito quando a pizza chegou. Falei por mais alguns minutos sobre acreditar que coisas boas poderiam acontecer na vida deles. Depois nos despedimos.

Ser generoso é servir como exemplo da bondade e do amor para os outros. A generosidade proporciona benefícios tanto para quem dá quanto para quem recebe, talvez até mais para quem dá.

Os milionários acreditam que precisam ser generosos. A classe média acredita que não tem condições de dar nada.

DIFERENÇA

3

Os milionários têm múltiplas fontes de renda.

A classe média tem apenas uma ou duas fontes de renda.

Vamos comparar dinheiro com peixes. Será que um pescador conseguiria mais peixes se mantivesse duas linhas de pesca na água? É claro que sim. Evidentemente, quanto mais linhas ele colocar na água, maior sua probabilidade de obter um resultado melhor.

Com o dinheiro também é assim. Quanto mais fontes de renda conseguirmos criar, maior será a chance de enriquecermos. Para cada milionário que conseguiu fazer fortuna dedicando-se somente a uma atividade, existem dezenas de pessoas ricas que conquistaram a liberdade financeira combinando diversas fontes de renda.

Renda passiva

O segredo para criarmos várias fontes de renda é nos concentrarmos em transformá-las em renda passiva. O emprego da palavra *passiva* não significa que não precisaremos trabalhar, mas apenas que esse tipo de renda exige pouca manutenção ou administração da nossa parte.

Muitos milionários têm a capacidade de formar equipes que gerenciam seus negócios melhor do que eles conseguiriam por si mesmos. As pessoas da classe média sentem dificuldade em lidar com a ideia de múltiplas fontes de renda porque acreditam que devem fazer tudo sozinhas.

Essa crença, porém, limita de maneira extrema nosso potencial financeiro. Imaginar que ninguém pode fazer nada tão bem quanto nós é arrogância. O mundo está cheio de pessoas talentosas.

Os milionários não pensam assim. Eles acreditam que podem encontrar alguém capaz de fazer algo não apenas tão bem quanto eles, mas até melhor. É uma grande diferença de mentalidade.

Forme uma equipe

Os milionários adquirem também a capacidade especial de fazer com que as pessoas trabalhem bem em grupo, o que gera excelentes resultados. Contudo, o desenvolvimento dessa habilidade requer tempo. Ela é fundamental para fazer com que todos da equipe aceitem as diferenças alheias e para designar a pessoa certa para o cargo certo.

No caso de muitas empresas, as dificuldades ocorrem simplesmente porque há pessoas erradas nos cargos errados. Fazer com que indivíduos trabalhem bem em conjunto requer a criação de uma atmosfera de confiança. Os milionários formam equipes com integrantes que se complementam uns aos outros, e não que competem uns com os outros. Quando existe disputa entre os membros do grupo, é difícil fazer com que haja confiança mútua. Não há limite para o que pode ser alcançado se não for importante determinar quem foi o autor da ideia. As pessoas que confiam umas nas outras são capazes de realizar muito mais do que qualquer indivíduo que atua sozinho.

Para conseguir que sua equipe desenvolva esse tipo de confiança, é necessário estabelecer um código de honra, isto é, um conjunto de regras simples que todos se comprometam a obedecer. Se você estiver na fase inicial da formação da equipe, o ideal é deixar que ela mesma desenvolva esse código. Caso você admita um novo integrante no grupo depois que o regulamento tiver sido criado, essa pessoa deverá concordar em respeitar as normas, do contrário não lhe dê o emprego. Se alguém fizer algo contra o código, será responsabilidade de todos repreender esse indivíduo.

O código de honra só é eficaz se as pessoas forem questionadas caso venham a violá-lo. Para que serve um regulamento se ninguém exige seu cumprimento? Na formação de uma equipe, todos devem concordar em ser corrigidos pelos colegas. Quem ficar com raiva ou se sentir ofendido se for repreendido deve mudar seu comportamento ou sair do grupo.

A raiva não tem lugar numa equipe de sucesso. Ela é sinal de arrogância. Existe poder na humildade, e os grupos que desenvolvem esse tipo de sentimento são capazes de grandes realizações. Os milionários infundem o espírito de humildade em seu pessoal porque eles mesmos o cultivam. Ser humilde é aceitar ser ensinado.

As pessoas muito ricas estão sempre abertas a aprender novas maneiras de administrar seus negócios. Elas entendem que a renda depende das vendas, mas que a renda excepcional depende da manutenção de uma equipe baseada na confiança.

Pratique a integração intencional

Vamos examinar uma expressão que aprendi com meu orientador, Nido Qubein - a *integração intencional*. Ela traduz a essência de como criar múltiplas fontes de renda de sucesso. *Intencional* significa fazer algo com um propósito. Uma ação pensada. Um evento planejado. *Integração* significa conexão. Alinhamento. Concordância. Coisas que funcionam bem juntas.

A integração intencional é praticada pelos muito ricos. É um planejamento metódico. Tem a capacidade de fazer com que cada fonte de renda passiva funcione como apoio às outras.

Quando criamos uma nova fonte de renda, precisamos torná-la o foco da nossa atenção. Concentração é poder, e os milionários possuem essa força. Para colher os benefícios que a integração intencional pode lhe proporcionar, você tem que adotar duas maneiras de se concentrar. Em primeiro lugar, aja como se fosse um raio laser incidindo em áreas específicas do amplo cenário da sua vida. Em segundo lugar, aprenda a se fixar como uma luz difusa sobre todo esse cenário.

Qualquer pessoa consegue se concentrar numa *única* coisa. Mas é preciso ser alguém altamente capacitado para se fixar no cenário mais amplo e também em todas as partes que o compõem. Ter múltiplas fontes de renda passiva desvinculadas umas das outras é ainda melhor do que contar com apenas uma ou duas delas. No entanto, aprender a produzir fluxos de renda passiva que se alimentam mutuamente pode proporcionar mais dinheiro com o tempo.

Vamos voltar ao exemplo do pescador. É fácil entender que com quatro ou cinco linhas na água ele pode pegar mais peixes do que com apenas uma. Contudo, aplicando a integração intencional, seus resultados serão ainda melhores. Pergunto a você: quem apanhará mais peixes, o pescador que usa varas individuais ou o que usa uma rede? A integração intencional cria conexões entre cada um dos negócios nos quais estamos envolvidos e contribui para que todos eles gerem mais dinheiro.

O conceito é de uma integração *intencional*, isto é, deliberada. Ela não acontece por acaso. Portanto, se você possui uma fonte de renda e quer criar outra, assegure-se de que a segunda seja capaz de dar apoio à primeira e vice-versa. Elas ajudam na promoção uma da outra? Sua primeira fonte de renda tem condições de fazer negócios com a segunda ou com a terceira? Elas conferem credibilidade umas às outras? Os clientes da sua primeira fonte de renda podem se tornar clientes das demais?

A integração intencional é algo relativamente novo para a maioria das pessoas e requer grande planejamento. É preciso tempo para desenvolver negócios que se inter-relacionem harmonicamente. Com o tempo, a aplicação desse conceito poderá realizar milagres na sua vida financeira.

As pessoas da classe média acreditam que acabarão se desconcentrando se tentarem criar múltiplas fontes de renda. Repito: isso acontece porque elas acreditam que devem se encarregar de tudo sozinhas. Quando uma delas possui mais de uma fonte de renda, costuma ser um segundo emprego que exige sua força de trabalho. E é provável que essa atividade não esteja intencionalmente ligada à primeira.

Se você se concentrar em fontes *passivas* de renda, formar uma *equipe* e praticar a *integração intencional*, será impossível perder o foco. Mas tenha cuidado para não permitir que a mentalidade da classe média o impeça de agir e tentar ideias novas. A renda passiva, as equipes e a interação intencional são um tripé muito forte, difícil de quebrar. Elas proporcionam uma vida financeira de alto nível.

Os milionários têm múltiplas fontes de renda. A classe média tem apenas uma ou duas fontes de renda.

DIFERENÇA

2

Os milionários se concentram em aumentar seu patrimônio líquido.

A classe média se concentra em conseguir aumento de salário.

É provável que você já tenha ouvido o seguinte ditado: "Trabalhe de modo inteligente, não de maneira mais árdua." Concentrar-se no patrimônio líquido é trabalhar de modo inteligente. Concentrar-se no salário é trabalhar de maneira árdua.

Os milionários alcançam a liberdade financeira porque desde o início trabalham para aumentar seu patrimônio líquido. Assim que atingem determinado nível, podem fazer o que quiserem e quando quiserem.

A classe média está presa na "corrida de ratos", uma rotina que envolve as seguintes etapas: acordar, ir trabalhar, pagar contas, acordar, ir trabalhar, pagar contas, acordar, ir trabalhar, pagar contas... Os milionários acordam, fazem o que amam fazer, ficam um tempo com a família, doam dinheiro para causas em que acreditam, viajam para lugares maravilhosos e buscam constantemente investimentos que aumentem seu patrimônio líquido.

A definição dos milionários para "patrimônio líquido"

A definição típica de *patrimônio líquido* é ativos menos passivos. A maior parte das pessoas acredita que um ativo é qualquer coisa que possuam que tenha valor. Embora essa seja uma definição comum, não é a que os milionários adotam. E, quando o assunto é dinheiro, é melhor pensar como um milionário do que como a maioria das pessoas.

Para os milionários, os ativos são bens que têm valor *e* que geram renda passiva. As pessoas de classe média podem ter pequenos ativos de algum valor, porém esses bens não costumam produzir renda passiva. Então, por favor, pense num ativo como algo de valor que também tenha a capacidade de lhe proporcionar uma renda passiva.

Os passivos, por sua vez, compreendem todas as suas obrigações financeiras, como aluguéis, prestações do carro, dívidas de cartão de crédito e empréstimos pessoais. Subtraia a quantidade de dinheiro que você deve dos bens que você possui que têm valor e que geram renda passiva. O resultado corresponderá ao seu verdadeiro patrimônio líquido. Para os milionários, um patrimônio líquido que não produz renda passiva não vale nada. Por isso eles se concentram em aumentar seu patrimônio líquido, o que simultaneamente eleva sua renda passiva.

As pessoas muito ricas fazem com que seu dinheiro trabalhe para elas. A classe média trabalha muito para ganhar dinheiro.

Há dois aspectos que fazem com que trabalhar apenas pelo salário seja algo arriscado e não muito inteligente. À medida que o valor no contracheque aumenta, sobem também os impostos e a dependência que temos de outra pessoa.

Os milionários controlam suas finanças. As pessoas de classe média colocam o leme da sua vida financeira nas mãos de terceiros. No caso dos assalariados, é o governo que estabelece quanto eles pagam de impostos. Os milionários, porém, controlam quando e quanto pagar ao fisco. Quem vive de salário também não tem certeza se estará ou não empregado no mês seguinte – nunca se sabe quando uma empresa pode ter que demitir funcionários. Portanto, como as pessoas de classe média dependem de alguém para cuidar de suas finanças, elas sempre correm o risco de perder a renda.

Tenho alguns amigos que são pilotos de avião. Eles tiveram a sorte de não ficar desempregados depois dos ataques terroristas de 11 de setembro de 2001, contudo se viram sem 30% da sua renda de um dia para o outro. O que aconteceria se você perdesse 30% dos seus rendimentos amanhã? Os milionários sabem que continuarão a faturar no mês e no ano seguinte.

Transforme seu salário em renda passiva

Trabalhar pelo salário não é errado nem ruim. É apenas uma atividade árdua – e arriscada – para a maioria das pessoas. Muitos milionários já fizeram isso. E como conseguiram a liberdade financeira? Usando o salário para comprar ativos. A maior parte deles precisou suar a camisa em determinada época da vida. Deram duro para adquirir esses bens.

Começar a comprar ativos que produzem renda passiva não é fácil. Requer um novo tipo de conhecimento, que só é obtido com muitas horas de estudo. Além de trabalharem para valer, os milionários se instruem sobre como adquirir ativos que geram renda. Aumentar o patrimônio líquido com ativos que produzem renda passiva é uma habilidade que, como qualquer outra, demanda tempo para ser desenvolvida. Para fazer com que o patrimônio líquido cresça, é necessário ter paciência, conhecimento e sabedoria.

Seja tolerante consigo mesmo, obtenha conhecimento sobre ativos e depois use sua sabedoria.

A sabedoria é a aplicação do conhecimento. Algumas pessoas da classe média têm conhecimento a respeito de renda passiva e sobre como aumentar seu patrimônio líquido, contudo não usam o que sabem.

Os milionários empregam o conhecimento que obtêm. Além disso, estão sempre adquirindo mais conhecimento. Eles estão a par de coisas, nas quais investem, que a classe média nem imagina que existem.

Não é meu objetivo falar neste livro sobre os diversos ativos em que os milionários investem para obter renda passiva. Por isso, mencionarei apenas alguns que eles escolhiam com mais frequência quando ainda eram da classe média.

Um pequeno negócio próprio

Na minha opinião, todos deveriam ter uma pequena empresa. Não estou dizendo que você tem que pedir demissão do emprego e começar um novo negócio. Sugiro apenas que dê início a uma atividade que ocupe parte do seu tempo, porém sem abrir mão da sua ocupação atual.

Em alguns países, como nos Estados Unidos, um meio de fazer isso é associando-se a uma empresa de marketing de rede. Essas companhias costumam oferecer pouco risco e uma boa probabilidade de lucro. Elas operam com sistemas já testados, de resultados comprovados, e oferecem apoio constante para os associados. São uma ótima maneira de criar um negócio próprio, mas não sozinho. Tenho três recomendações a fazer, caso você considere a possibilidade de atuar nessa área:

1. Tenha certeza de que acredita na qualidade do serviço ou dos produtos oferecidos.
2. Certifique-se de que se relacionará bem com as pessoas da empresa.
3. Confirme se a empresa está envolvida em alguma atividade filantrópica.

Se esses três requisitos forem atendidos, você tem chances de criar um negócio de grande sucesso. Ao iniciar uma atividade de meio expediente, seja qual for, estabeleça o objetivo de ganhar mais com ela do que com seu emprego. Depois que conseguir isso, você terá a liberdade de trabalhar porque *quer* e não porque *precisa*. Não será ótimo?

Quando abrir seu negócio, mantenha seu custo de vida no mesmo nível e economize o dinheiro que ganhar com a nova atividade até estar pronto para investir em algum tipo de ativo. A coisa mais comum do mundo é aumentarmos os gastos quando faturamos mais. Fiz isso durante anos. Toda vez que meus rendimentos cresciam, eu comprava um carro melhor, adquiria uma casa maior ou ia passar férias no Havaí. Posso dizer, com base nessa experiência, que não é sábio elevar suas despesas até que você possa pagar por elas com a renda passiva dos seus ativos.

Os milionários têm uma sabedoria incomum: quando sua renda aumenta, em vez de gastarem mais, eles ampliam seus investimentos. A classe média gasta seu dinheiro com passivos, enquanto as pessoas muito ricas preferem investir em ativos. Lembre-se: investir em ativos que produzem renda passiva é a essência da geração de riqueza.

Talvez a maior vantagem de ter um negócio próprio esteja relacionada aos impostos. Os empresários podem fazer uma série de deduções, algo que não conseguiriam sendo assalariados. Não sou especialista nessa área, por isso não prestarei consultoria aqui. De qualquer modo, procure conhecer os benefícios fiscais a que tem direito como pessoa jurídica.

Os empresários podem gastar o que ganham antes de pagarem os impostos. Os assalariados, por sua vez, primeiro pagam ao fisco e só depois aproveitam o pouquinho que restou. Os milionários ganham dinheiro, gastam o que querem e por fim pagam os impostos. A classe média ganha o dinheiro, paga os impostos e depois gasta o que sobrou.

Você gostaria de pagar menos impostos? Então abra um pequeno negócio. A empresa lhe proporcionará vantagens fiscais e pode se tornar um ativo, caso você a estruture de forma que não exija muito do seu tempo. Não se esqueça de que a definição que um milionário dá a um ativo é algo de valor que produz renda passiva. Lembre-se também de que o uso da palavra *passiva* não é uma indicação de que você não precisará fazer nada, e sim que deverá se dedicar apenas um pouco à administração.

Invista em imóveis

Considero os imóveis a melhor e a mais segura opção de investimento. Quase todos os milionários recebem renda passiva desses bens. Isso acontece com poucas pessoas da classe média. O que não falta são livros sobre como investir em imóveis, por isso não falarei disso aqui. Sugiro que você leia o máximo que puder sobre o assunto até ter conhecimento suficiente para atuar nessa área. Minha vida financeira passou por uma completa transformação quando comecei a trilhar esse caminho.

E quanto a ações?

A maioria dos milionários investe no mercado de ações. Digo "a maioria" porque conheço alguns deles que só investem em imóveis. Por outro lado, sei também de outros que optam exclusivamente por ações. De fato, elas podem ser uma excelente forma de renda passiva. Contudo, também representam um risco para quem não conhece esse mercado.

Os pequenos negócios próprios, os imóveis e as ações sempre apresentam riscos. No entanto, eles podem ser drasticamente reduzidos com a aquisição de conhecimento. Lembre-se: se você remover os riscos da sua vida, eliminará também as oportunidades. O risco é a oportunidade.

O patrimônio líquido não é um pé-de-meia

Para a classe média, ter segurança financeira significa ter um pé-de-meia. As pessoas muito ricas não pensam assim. Elas não têm pés-de-meia, e sim gansos que botam ovos de ouro regularmente. Os patrimônios líquidos dos milionários são seus gansos. As rendas passivas que recebem desses patrimônios são os ovos de ouro.

O problema com a mentalidade que incentiva o pé-de-meia é que podemos ficar com frio e acabar tendo que usar a meia, o que, aliás, ocorre com frequência. Os milionários estão sempre examinando seus gansos para ter certeza de que eles estão saudáveis. A maioria das pessoas da classe média nem sequer pensa em seu patrimônio líquido.

Concentre-se em aumentar seu patrimônio líquido com bens que produzem renda passiva e chegará o dia em que você se tornará livre financeiramente.

Os milionários se concentram em aumentar seu patrimônio líquido.
A classe média se concentra em conseguir aumento de salário.

DIFERENÇA 1

Os milionários fazem a si mesmos perguntas que os fortalecem.

A classe média faz a si mesma perguntas que a enfraquecem.

Superficialmente, pode parecer que essa diferença não tem muita importância. No entanto, garanto a você que esse é um conceito de grande profundidade. Quando desenvolvemos o hábito de fazer a nós mesmos perguntas que nos fortalecem, nossa vida assume novo significado e o sucesso é inevitável.

Essa diferença reflete um princípio universal que está sintetizado numa frase bíblica que diz o seguinte: "Peça e será atendido."

Você receberá respostas para quaisquer perguntas que fizer, portanto é melhor formular questões que o fortaleçam. Quanto maiores elas forem, melhor. Aprenda a fazer a si mesmo perguntas que o levem além do seu nível atual de experiência. As próprias indagações contêm as respostas de que você precisa para ser bem-sucedido.

Exemplos de perguntas fortalecedoras

Qual destas duas perguntas emite mais força: "Como posso duplicar minha renda este ano?" ou "Como posso ganhar dinheiro suficiente para pagar as contas este mês?".

Percebe a diferença? Gastamos a mesma quantidade de energia mental para responder tanto à pergunta motivadora quanto à limitadora. Pense em questões que sejam capazes de expandir a mente, pois você receberá as respostas para tudo o que quiser saber.

Vejamos outros exemplos. "Como posso ganhar R$1 milhão por ano fazendo aquilo que amo?" ou "O que posso fazer para que meu supervisor me dê um aumento?".

"O que a vida está tentando me ensinar agora?" ou "Por que coisas ruins acontecem comigo?".

"Como posso desenvolver um relacionamento mais profundo com meu marido/minha mulher?" ou "Por que é tão difícil me dar bem com meu marido/minha mulher?".

"O que devo fazer para mostrar aos meus filhos que os amo?" ou "Por que meus filhos não me dão valor?".

"O que eu gostaria de fazer para ser forte e saudável?" ou "Por que é tão difícil perder peso?".

"Quem pode me ensinar a ganhar pelo menos 25% de retorno com meus investimentos?" ou "Por que é tão duro economizar dinheiro?".

"Como posso aumentar minha paz de espírito?" ou "Por que estou sempre estressado?".

As perguntas controlam o modo como nos sentimos

As questões fortalecedoras se fixam naquilo que *conseguimos* fazer. Por sua vez, as perguntas que nos enfraquecem se concentram no que *não conseguimos* fazer e em por que as coisas são difíceis.

As indagações que emitem força nos fazem sentir bem, enquanto as outras nos deixam com uma sensação ruim. Podemos controlar o modo como nos sentimos dirigindo a nós mesmos perguntas que nos fortalecem.

Os milionários são mestres em administrar suas emoções. Eles têm esse controle porque sempre se fazem perguntas motivadoras.

Quando questões desse tipo se tornam parte do nosso jeito habitual de pensar, nos tornamos pessoas fortes e tranquilas. As perguntas construtivas nos incentivam a tentar realizar todo o nosso potencial. As indagações que nos fazemos determinam os resultados que obtemos na vida. Portanto, se você sentir que não está vivendo de acordo com seu potencial, é porque está dirigindo a si mesmo questões limitadoras. Por mais simples que pareça, isso é verdade.

Os milionários formulam para si mesmos questões que os tornam ricos. As pessoas de classe média se fazem perguntas que as mantêm na situação em que se encontram.

Condicionando a mente

A maioria das pessoas da classe média não tem consciência das perguntas que se faz regularmente. Observo isso o tempo todo nas minhas conversas. Fico impressionado ao constatar que posso controlar o bate-papo fazendo perguntas e que meus interlocutores mudam o fluxo do seu pensamento para a direção que eu quiser. Já houve um tempo em que eu não gostava de ficar perto de gente que fala apenas sobre coisas e outras pessoas. Agora não me importo, afinal aprendi a redirecionar a conversa para algo mais positivo por meio das questões que formulo.

Os milionários estão cientes das perguntas que fazem a si mesmos e dos seus pensamentos. Eles estão sempre condicionando a mente para obterem mais sucesso. Esse princípio universal também está sintetizado num trecho das antigas Escrituras: "O homem é aquilo que ele pensa."

O problema com as pessoas da classe média é que elas não pensam por si mesmas. Embora acreditem que raciocinam por conta própria, são outros indivíduos que controlam seus pensamentos.

Prova disso é a Diferença 9 (Os milionários falam sobre ideias. A classe média fala sobre coisas e outras pessoas.). Isso acontece simplesmente porque a mente de classe média está sempre reagindo àquilo que outros indivíduos dizem e fazem.

Os milionários são mais criativos do que reativos. Ao se fazerem perguntas que os fortalecem, eles controlam a própria mente.

Formular para si mesmo questões motivadoras é uma das melhores maneiras de influenciar a mente a criar o sucesso.

Todos nós somos condicionados a pensar da maneira que pensamos. Os milionários realizam esse condicionamento de forma consciente. Controlando as perguntas que faz a si mesmo, você aprenderá a pensar sozinho. Assumir o controle do seu diálogo interno lhe dará o domínio da sua própria vida. Para alcançar mais sucesso, é necessário que tenha consciência dessas perguntas.

Nove perguntas fortalecedoras

Listo a seguir nove perguntas fortalecedoras. Todas as pessoas deveriam responder a essas questões para obter êxito e felicidade. Elas tratam de quem se quer ser, o que se deseja fazer e o que se almeja ter. Reserve um tempo para dar suas respostas com sinceridade e você estará no caminho do sucesso.

Que tipo de pessoa quero ser?
Por que desejo ser esse tipo de pessoa?
Como posso me tornar esse tipo de pessoa?

O que quero fazer?
Por que desejo fazer isso?
Como posso fazer isso?

O que quero ter?
Por que desejo ter isso?
Como posso criar o que almejo ter?

Suas respostas para essas perguntas devem ser claras. Com *claras* quero dizer *específicas*. Quanto mais específicas elas forem, melhor.

Clareza é poder. Os milionários sabem o que querem. Mais importante ainda, têm consciência de por que querem. E, como estabeleceram *o que* e *por que*, são capazes de descobrir *como*. A classe média não sabe como ficar milionária porque não tem uma meta (*o que*) estimulante nem um motivo (*por que*) que a fortaleça.

Quando você estiver respondendo às perguntas iniciadas com *por que*, talvez descubra que está se tornando alguém que outra pessoa quer que você seja. Ou que faz coisas para satisfazer a vontade de outros indivíduos, e não a sua. Ou que almeja coisas porque alguém lhe disse para querê-las. Tentar viver de acordo com as expectativas alheias é uma armadilha.

Descubra quem você realmente quer ser, o que de fato deseja fazer e o que realmente almeja ter.

Faça sempre com que as perguntas estejam na ordem "ser", "fazer" e "ter". O tipo de pessoa que você deseja ser determinará o que você quer fazer e ter.

Muitas pessoas da classe média adotam esse raciocínio ao contrário. Acreditam que o que têm determina o que fazem e que o que fazem estabelece quem são. Entender a vida desse jeito é um caminho certo para a confusão. Quem somos define o que fazemos e o que temos.

Substitua a pergunta "Qual é o significado da minha vida?" por "O que pode dar sentido à minha vida?". Essa é uma questão fortalecedora. Respondê-la honestamente revelará a resposta à primeira indagação.

O significado da nossa vida não é *ter* sucesso, e sim *ser* alguém de sucesso.

Perguntar a si mesmo quem você está se tornando é, talvez, a questão mais fortalecedora. Durante séculos, as pessoas têm se indagado: "Quem sou eu?" Sugiro que você se pergunte: "Quem estou me tornando?" Se você não gostar da resposta, tente: "Quem eu desejo ser?" Depois faça o que for preciso para se transformar nessa pessoa. Ser milionário tem a ver com ser, fazer e, depois, com ter.

Os milionários fazem a si mesmos perguntas que os fortalecem. A classe média faz a si mesma perguntas que a enfraquecem.

E a partir de agora?

Leia este livro muitas vezes. Recomendo que faça isso uma vez por mês até sentir que as 10 diferenças se tornaram parte de você. A repetição é o melhor meio de que dispomos para treinar a mente a pensar de outra forma. Quando raciocinamos de um jeito diferente, agimos de maneira diferente e alcançamos resultados diferentes.

Compartilhe este livro com as pessoas certas na sua vida para que vocês possam discutir os 10 tópicos e aprender com suas perspectivas e experiências individuais.

CONHEÇA OUTROS TÍTULOS DA EDITORA SEXTANTE

OS SEGREDOS DA MENTE MILIONÁRIA

T. Harv Eker

Se as suas finanças andam na corda bamba, talvez esteja na hora de você refletir sobre o que T. Harv Eker chama de "o seu modelo de dinheiro" - um conjunto de crenças que cada um de nós alimenta desde a infância e que molda o nosso destino financeiro, quase sempre nos levando a uma situação difícil.

Nesse livro, Eker mostra como substituir uma mentalidade destrutiva - que você talvez nem perceba que tem - pelos "arquivos de riqueza", 17 modos de pensar e agir que distinguem os ricos das demais pessoas.

O autor também ensina um método eficiente de administrar o dinheiro. Além disso, saberá como aumentar o seu patrimônio líquido - a verdadeira medida da riqueza.

OPORTUNIDADES DISFARÇADAS

Carlos Domingos

Oportunidades disfarçadas é um verdadeiro catálogo de ideias criativas e soluções originais para as mais variadas dificuldades vividas por empresas de todos os tamanhos.

Resultado de sete anos de pesquisa, esse livro reúne 200 casos reais de companhias e pessoas que transformaram grandes problemas nas melhores chances de suas vidas.

Esta é uma leitura obrigatória para executivos, empresários e todo profissional que busca sobreviver à atual crise financeira e vencer no mundo competitivo em que vivemos.

O ponto da virada

Malcolm Gladwell

Você já ficou intrigado pensando no que faz com que um produto, um serviço ou mesmo atitudes virem moda da noite para o dia? Nesse livro – que já vendeu 5 milhões de exemplares em todo o mundo e está há mais de 200 semanas na lista de best-sellers do New York Times – Malcolm Gladwell apresenta uma maneira instigante e original de entender fenômenos sociais desse tipo: vê-los como epidemias.

Partindo dessa tremenda influência que sofremos do meio, Gladwell pergunta: por que, então, algumas epidemias que poderiam ser "boas" não emplacam? Sua reposta é que as pessoas podem transformar radicalmente seus comportamentos ou suas crenças desde que estejam diante do estímulo certo. E aqui ele nos mostra como identificar e até construir esses estímulos.

Fora de série - Outliers

Malcolm Gladwell

O que torna algumas pessoas capazes de atingir um sucesso tão extraordinário e peculiar a ponto de serem chamadas de "fora de série"?

Costumamos acreditar que trajetórias excepcionais, como a dos gênios que revolucionam o mundo dos negócios, das artes, das ciências e dos esportes, devem-se unicamente ao talento. Mas nesse livro você verá que o universo das personalidades brilhantes esconde uma lógica muito mais fascinante e complexa do que aparenta.

A BOLA DE NEVE
Alice Schroeder

Esse é o livro definitivo sobre a vida de um dos homens mais respeitados e fascinantes do mundo: Warren Buffett. O lendário investidor pela primeira vez autorizou alguém a produzir sua biografia, concedendo a Alice Schroeder acesso irrestrito a seus familiares, amigos e parceiros – e, é claro, a ele mesmo.

A autora mergulhou a fundo na vida do empresário, desvendando sua personalidade, suas lutas, seus triunfos e seus momentos de sabedoria e de insensatez. O resultado é a história de um dos maiores personagens de nosso tempo, uma figura complexa e interessante que se tornou uma lenda viva pela fortuna que construiu e, sobretudo, pelas ideias, causas e valores que defendeu.

AS REGRAS DA RIQUEZA
Richard Templar

Quantos de nós não sonham em ter dinheiro suficiente para levar uma vida confortável e sem preocupações financeiras? Ainda que o dinheiro não traga felicidade, é evidente que ele nos proporciona benefícios. Poucos, porém, conhecem o caminho para a prosperidade.

Esse livro revela exatamente isto: os segredos dos indivíduos bem-sucedidos – o que eles fazem para ganhar e conservar muito dinheiro. Aqui você encontrará um precioso conjunto de 100 regras baseadas no comportamento, na forma de pensar, no estilo de vida e no conhecimento financeiro de quem soube conquistar e preservar a riqueza.